Suite for Piano

Norman Dello Joio

I

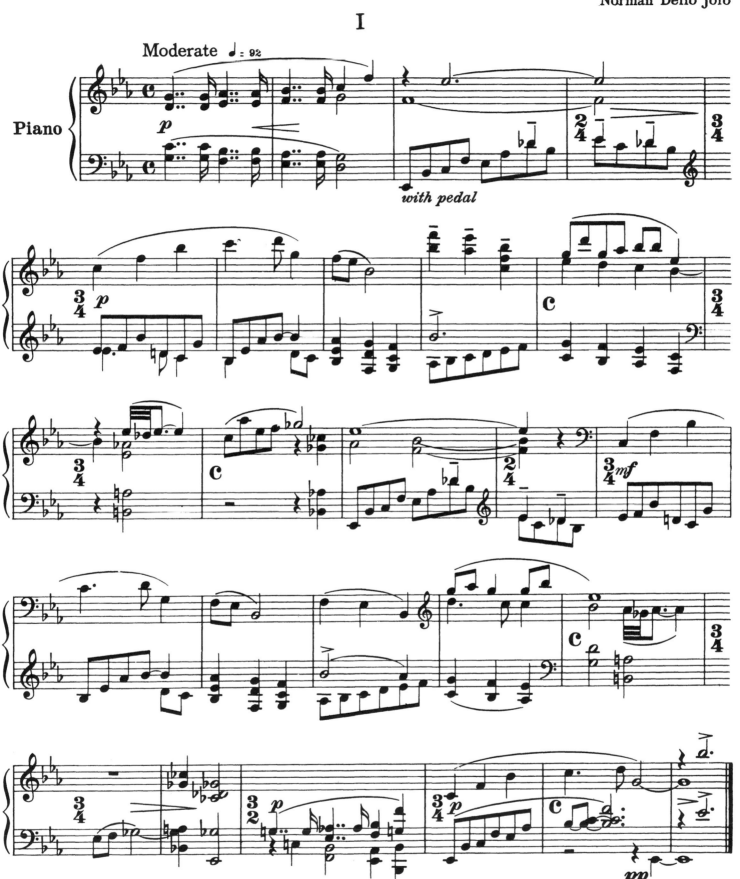

40971 c

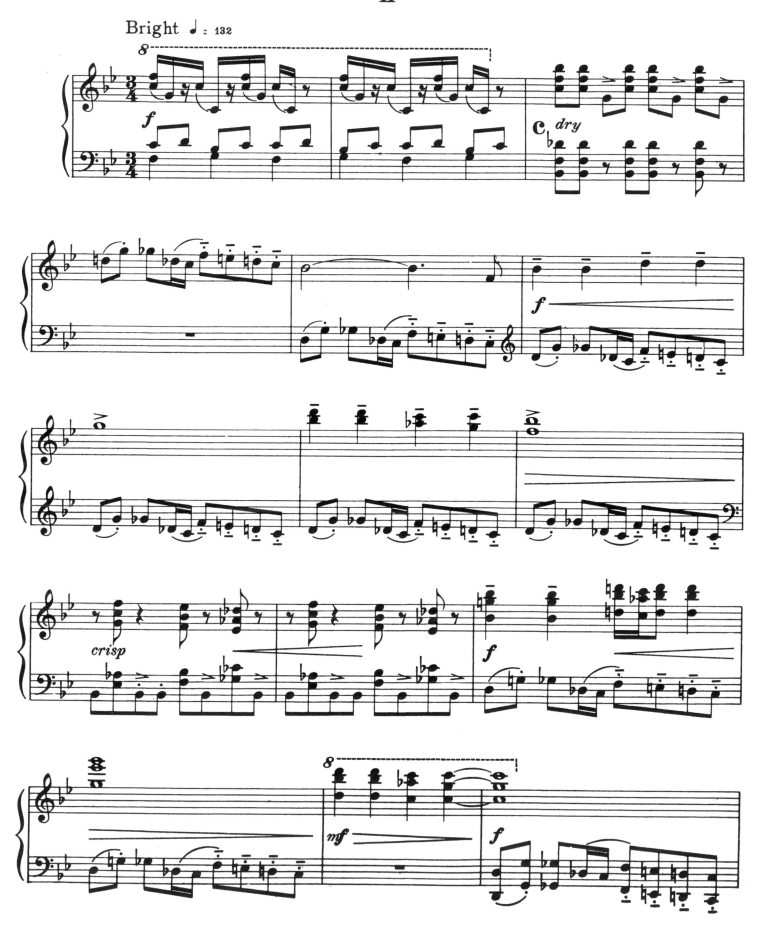

II

Bright ♩ = 132

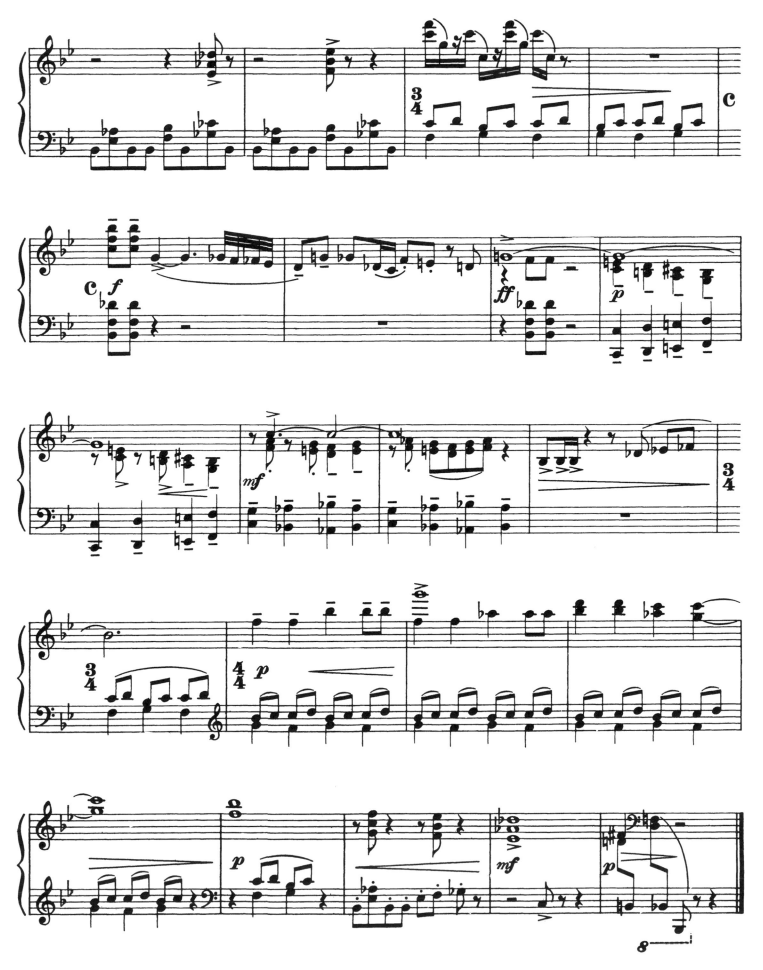

III

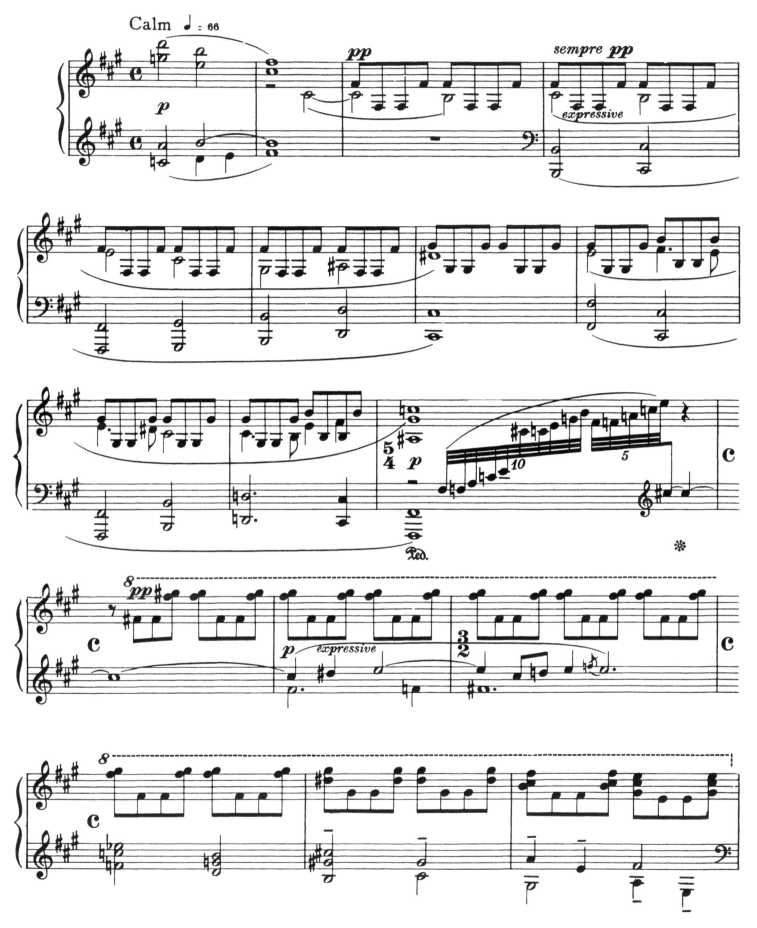

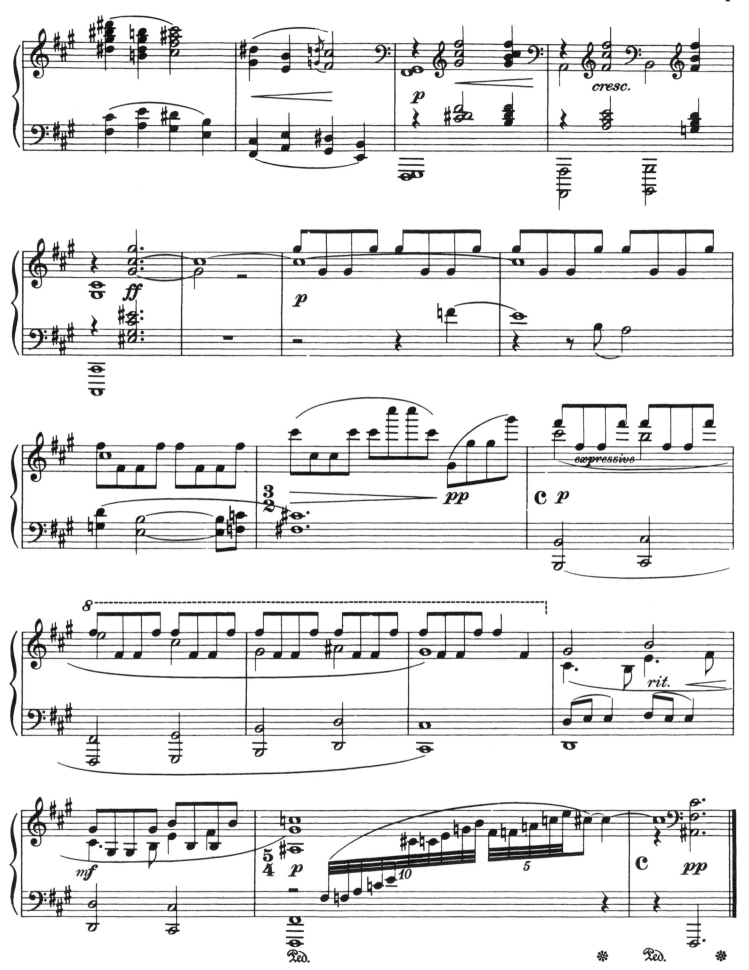

8

IV

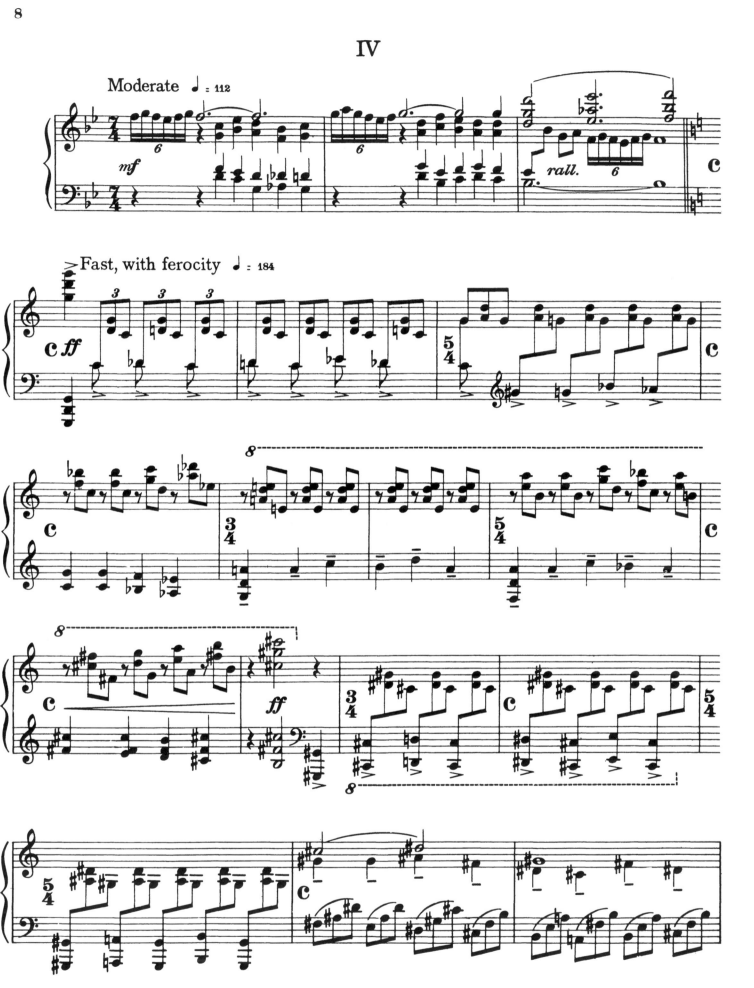

40971

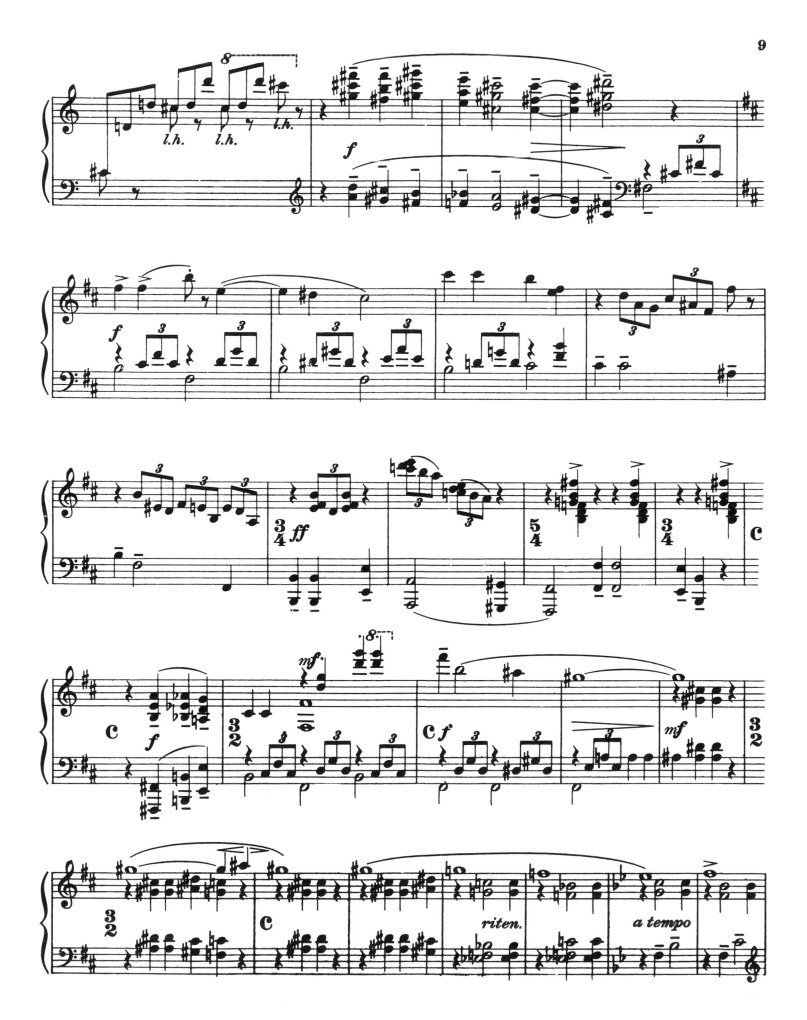

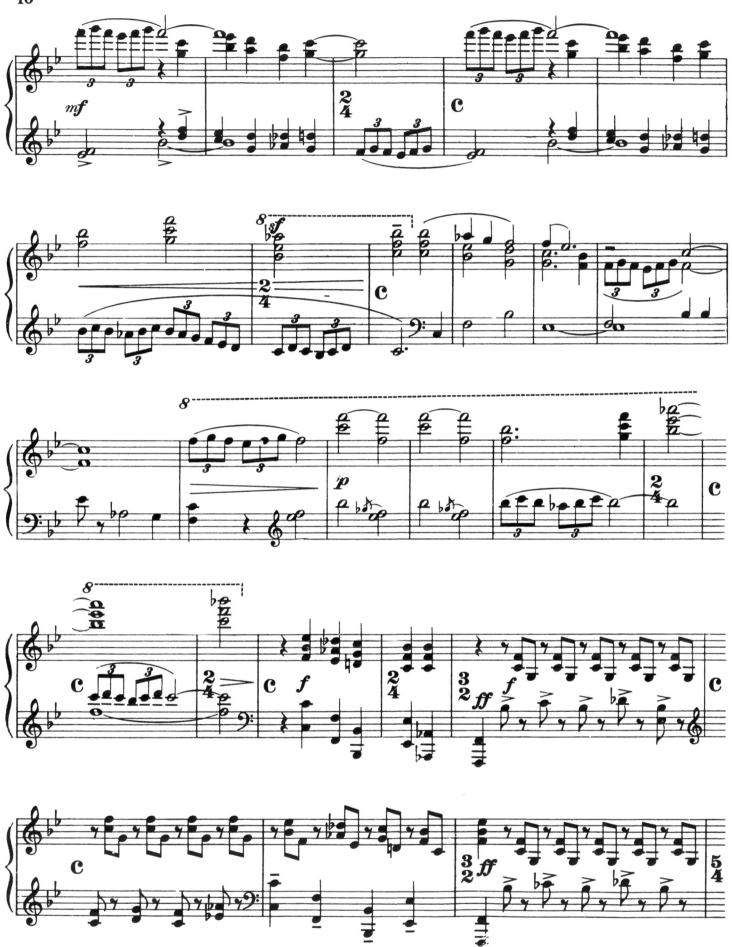

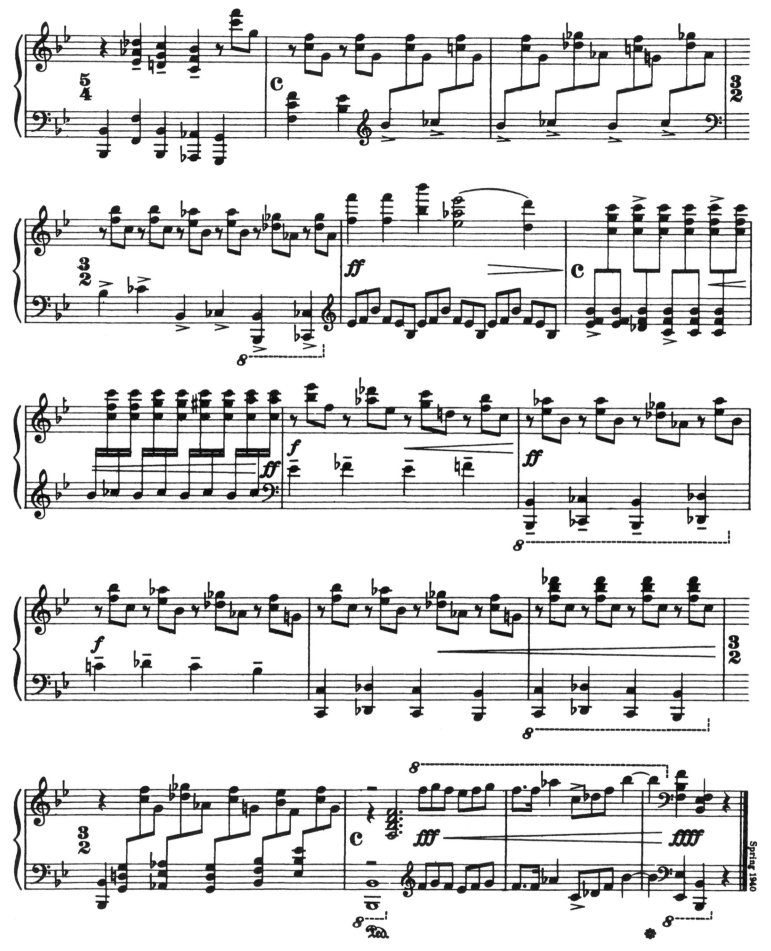

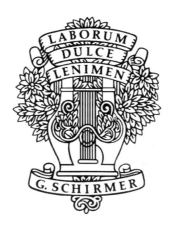

U.S. $7.99

ISBN-13: 978-1-4584-2662-8

Distributed By

HAL LEONARD

50283620   9 781458 426628

G. SCHIRMER, *Inc.*

DISTRIBUTED BY

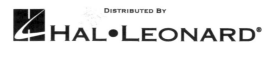